L'EMPIRE

MÉMOIRE SOMMAIRE

AUX HOMMES D'ÉTAT D'EUROPE

PARIS. — Typ. de Mme Ve Dondey-Dupré, rue Saint-Louis, 46, au Marais.

L'EMPIRE

MÉMOIRE SOMMAIRE

AUX HOMMES D'ÉTAT D'EUROPE

PAR

CHARLES PIEL DE TROIMONTS

Les Capétiens sont nés à la fin du dixième siècle avec la féodalité; ils devaient disparaître, et ils ont, en effet, disparu à la fin du dix-huitième, avec la noblesse.

Les Bonapartes sont nés avec la démocratie; c'est à eux de la gouverner.

LOUIS COUTURE.
(*Du gouvernement héréditaire.*)

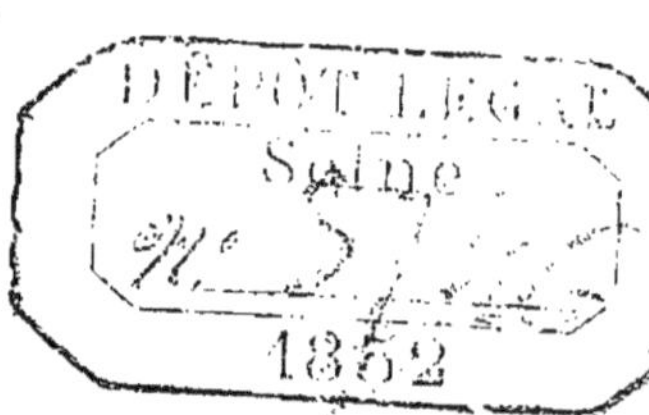

PARIS

MICHEL LÉVY FRÈRES, LIBRAIRES-ÉDITEURS,

RUE VIVIENNE, 2 BIS.

—

1852

À toutes les correspondances secrètes dont les vieux partis inondent l'Europe, je veux répondre par ce mémoire au grand jour.

On cherche par tous les moyens, par toutes les raisons, par tous les prétextes, à égarer l'opinion des cours européen-

nes sur la situation actuelle de la France.
Je veux éclaircir ce qu'on obscurcit, rec-
tifier ce qu'on défigure, et le simple bon
sens dégagé de tout esprit de parti me
suffira pour remplir cette tâche.

I

CHUTE DE LA RESTAURATION.

I

CHUTE DE LA RESTAURATION.

Lorsque les nations sont soumises à des agitations révolutionnaires périodiques, c'est qu'elles n'ont pas trouvé leur assiette naturelle. Elles sont entre un ordre de choses qui finit et un ordre de choses qui commence. Cet état intermédiaire entre hier et demain, entre les

institutions qui sont mortes et les institutions qui veulent naître, est l'état de
révolution.

C'est pour cela que, depuis soixante
ans, la France passe de crise révolutionnaire en crise révolutionnaire, et qu'un
homme d'État illustre, M. le marquis de
Valdegamas, a eu le droit de dire : La
France est le club central de l'Europe.

La Restauration de 1815, en niant le
présent et en se rejetant dans le passé,
tentait une chose impossible ; elle ten-
dait à supprimer la société contempo-
raine, ce qui constituait aux hommes
d'État de cette époque un métier de Si-
syphe. Après les malheurs, après l'é-
puisement du pays, après tous les dé-
sastres qu'entraîne une longue guerre,

la France accepta le régime de la Restauration comme un malade accepte un remède, comme un homme épuisé demande une potion ; mais les potions et les remèdes ne sont pas l'hygiène ordinaire d'un tempérament vigoureux et sain.

La Restauration tomba parce qu'elle ne répondait pas aux instincts, aux intérêts, aux besoins du siècle. C'était le passé qui s'évanouissait, c'était le mourant qui rendait le dernier soupir. Il n'y eut rien dans la chute de la Restauration qui dut surprendre les hommes d'État de l'Europe.

La France épuisée par la guerre avait accepté la Restauration. La France réconfortée par la paix devait la laisser tomber.

II

CHUTE DU GOUVERNEMENT DE JUILLET.

II.

CHUTE DU GOUVERNEMENT DE JUILLET.

Le gouvernement de juillet ne fut pas un gouvernement définitif, ce fut un trait-d'union, ce fut une planche. Avec de l'habileté et des concessions intelligentes, ce gouvernement eût pu durer longtemps, sans doute, mais ce n'était pas encore le régime naturel de ce pays.

Les doctrinaires avaient beau dire que la souveraineté résidait dans les classes moyennes, ils ne faisaient qu'un paradoxe. Je le répète, ce paradoxe eût pu durer au delà de 1848, à force d'industrie ; mais par la force des choses il devait tomber tôt ou tard.

Le gouvernement de Louis-Philippe devait s'écrouler comme une chose provisoire, comme ces établissements en planches qu'il bâtissait lui-même au grand carré des Champs-Élysées pour l'Exposition. Je sais que la chute de Louis-Philippe a plus étonné l'Europe que la chute de la Restauration, et je le comprends. Louis-Philippe se rapprochait plus du possible ; il ne niait pas la société moderne ; mais la première surprise passée, l'Europe a dû bien vite comprendre qu'elle avait été dupe d'un faux-semblant, que ce qu'elle croyait la force, dans le gouvernement de Louis-Philippe, n'en était que l'apparence; en un mot, que le gouvernement par les classes moyennes, principe du gouvernement de Louis-Philippe, n'était pas plus solide, plus inébranlable, que le gouvernement par les classes élevées, principe du gouvernement de la Restauration.

La société française, si elle n'était pas destinée à périr, devait trouver sa base ailleurs.

Or, en dehors des classes élevées et des classes moyennes, il n'y a que tout le monde, c'est-à-dire le suffrage universel.

III

SUFFRAGE UNIVERSEL.

III

SUFFRAGE UNIVERSEL.

Aux yeux de l'Europe, le suffrage universel passait pour anarchique, et il l'est en effet, quand on ne le place pas dans les conditions naturelles où il doit se développer et s'exercer.

Si l'on demande un gouvernement au suffrage universel tous les ans, tous les trois ans, tous les six ans, on le trouble, on le perturbe, on l'arrache à sa voie naturelle : il n'agit plus alors que par soubresauts, par fantaisies ; il se contredit à plaisir, et jette le pays dans les entreprises les plus contradictoires et les plus périlleuses.

Le suffrage universel en dehors de ses voies naturelles est l'Anarchie. Le suffrage universel dans sa sphère logique est l'Ordre.

IV

INSTINCTS ET INTÉRÊTS MONARCHIQUES

DE LA FRANCE.

IV

INSTINCTS ET INTÉRÊTS MONARCHIQUES DE LA FRANCE.

Tous les instincts de la France, tous ses intérêts tendent à la monarchie.

La France, tous les publicistes l'ont assez souvent répété, est folle d'égalité politique, et c'est en caressant ce côté national de notre caractère qu'on nous a jusqu'ici entraînés aux révolutions contre les pouvoirs monarchiques.

En effet, les pouvoirs monarchiques ont blessé jusqu'à présent l'égalité. Mais si l'on pouvait concilier l'égalité et la monarchie, ce gouvernement serait indestructible. Il n'est pas de gouvernement en Europe qui fût plus solide que la monarchie française assise sur cette base.

La monarchie aristocratique est tombée; la monarchie des classes moyennes est tombée; il n'y a de possible que la monarchie des classes populaires, c'est-à-dire la monarchie de tout le monde.

Aussi il n'y a que les aveugles qui n'ont pas vu depuis trois ans ce que les masses populaires contenaient dans leurs larges flancs, et la quantité immense d'ordre qui devait en sortir. Comme on ne leur donnait pas satisfaction, à ces masses, comme on n'avait pas voulu entendre leurs voix au 10 décembre et qu'on s'était refusé à comprendre la signification de leurs suffrages, elles s'étaient découragées, et les prédicateurs des idées anarchiques avaient saisi ce moment favorable pour propager leurs effroyables doctrines. Ils avaient en grande partie réussi. Les masses découragées prêtent si facilement l'oreille à tous les tentateurs !

Par cette nouvelle faute des hommes d'État français, la France fut encore une fois à la veille des catastrophes. Mais heureusement un miracle nous a sauvés !

V

LE 2 DÉCEMBRE.

V.

LE 2 DÉCEMBRE.

Le 2 décembre est un coup d'État, soit, mais c'est aussi un coup de génie.

Quand un coup d'État est sanctionné par un coup de peuple, c'est l'avénement légitime et national d'un ordre de choses provoqué par le courage et la prévoyance d'un chef.

Le 2 décembre remit tout en sa place, donna aux choses leur signification réelle, détruisit tous les mensonges qui couvraient la situation, et plaça la conscience du pays en face d'elle-même.

Cette conscience ainsi interrogée ne pouvait répondre que ce qu'elle a répondu : les pays se perdent par aveuglement, mais ils se sauvent toujours dès qu'on leur ouvre les yeux.

La veille, le socialisme était possible, c'est-à-dire l'anarchie la plus affreuse, la plus sanglante ; le lendemain, il n'y eut de possible que l'ordre régulier, fortement assis. Avec des hésitations et des tâtonnements, avec cette éternelle politique qui louvoie, qui atermoie, qui ment, comme on le pratique en France depuis

1815, la France serait devenue un champ de carnage. Avec la politique qu'a conçue le 2 décembre, politique prévoyante, courageuse, héroïque, la France est restée le pays de la civilisation, le pays de tous es progrès ; elle eût été l'effroi du monde, elle en restera la gloire et l'objet d'envie.

VI

CONSÉQUENCES DU 2 DÉCEMBRE.

VI

CONSÉQUENCES DU 2 DÉCEMBRE.

Un homme aussi profond que spirituel a dit : Il ne s'agissait plus d'un cas de médecine, il s'agissait d'un cas chirurgical ; la gangrène avait commencé, l'amputation était devenue nécessaire pendant que les médecins auraient délibéré, le malade serait mort. Dupuytren

est intervenu, et grâce à son courage d'o-
pérateur, la maladie a disparu et la gué-
rison a été assurée.

A l'instant même, les populations des
campagnes ont été éclairées comme d'une
lumière subite. Quand elles avaient cru
qu'il n'y avait plus de gouvernement en
France, que les destinées du pays étaient
livrées au hasard; quand elles avaient vu
disparaître dans le nuage la main protec-
trice à laquelle elles avaient demandé
appui et secours, elles avaient cru ren-
trer dans l'état sauvage, et au premier
coup de tocsin elles avaient pris un sac et
un fusil : un sac, pour emporter le butin;
un fusil, pour le défendre.

Mais après le 2 décembre, lorsque la
puissance qu'elles avaient invoquée en

vain, et qui avait été paralysée par les vieux partis, reparut dans tout son éclat, les populations des campagnes, et même les populations des villes, s'aperçurent aussitôt qu'elles s'étaient trompées ; et l'on a vu, — quelle leçon !... des insurgés des premiers jours, des meneurs de la jacquerie, s'humilier et demander grâce ! On leur a pardonné, et c'était sagesse : ils n'avaient pas su ce qu'ils faisaient.

Le **20** décembre a été la glorification du **2** ; le scrutin populaire a donné raison à l'initiative de l'homme d'État ; la société a été sauvée, mais elle ne sera sauvée définitivement qu'à la condition qu'on comprendra que le **2** décembre n'a été que la préface d'un gouvernement.

L'Europe, qui a applaudi à la préface, pourrait-elle ne pas applaudir le livre? Après avoir trouvé excellent ce qui rendait un gouvernement possible en France, pourrait-elle trouver mauvais ce qui rendrait ce gouvernement définitif? Il faudrait que l'esprit de vertige se fût emparé de toutes les têtes qui président aux cabinets, et que Dieu se fût retiré du continent européen : cela n'est pas.

VII

LA LEÇON DE LA PROVIDENCE.

VII.

LA LEÇON DE LA PROVIDENCE.

C'est un enseignement suprême que la Providence a donné aux rois et aux ministres qui gouvernent l'Europe. Si cette leçon ne portait pas ses fruits, il y a mille à parier qu'elle ne se reproduirait pas, et que nous serions irrémissiblement condamnés.

Ce qu'un grand écrivain appelle le

gouvernement de la Providence, s'est manifesté à nos yeux par un de ces coups éclatants devant lesquels l'orgueil de l'homme d'État doit s'humilier, s'il ne l'avait pas compris d'avance. Jamais, à aucune époque, il n'y eut plus grand enseignement gravé en lettres de feu.

Le 2 décembre fut un Sinaï.

Que dira la postérité quand elle s'occupera, si elle daigne s'en occuper, de ces chefs des vieux partis, qui, n'ayant rien compris au 10 décembre 1848, quoique ce 10 décembre les eût retirés de l'abîme où ils étaient plongés, n'ont pas voulu voir que c'était le nom de Bonaparte, le nom du nouveau Charlemagne qui était le nom magique, le nom sauveur, le nom de la dynastie nouvelle?

Politiques sans coup d'œil, généraux infatués, orateurs retentissants et vides, écrivains passionnés et à esprit faux, ils ont mis trois ans à entraver, à paralyser le seul gouvernement qui les préservait de l'anarchie et de la guillotine. Elle est incroyable, l'habileté qu'employaient ces assiégés à renverser leurs remparts ! On ne vit jamais une pareille absence de raison ; et quand on jugera ces hommes-là à distance et de sang-froid, on se demandera très-certainement si ce n'étaient pas des conspirateurs pour le compte de l'anarchie, ou des fous, qu'il eût fallu, dès le premier jour, mettre dans l'impossibilité de nuire.

Leur chute toute providentielle a dû montrer la vérité à l'Europe.

3.

VIII

L'HOMME.

VIII

L'HOMME.

Un homme s'est rencontré, dit Bossuet en commençant un portrait à jamais célèbre. Combien de fois, hélas ! ne doit-on pas dire : Un homme ne s'est pas rencontré !

Les grands hommes sont rares dans l'histoire, et n'apparaissent pas toujours quand ils sont nécessaires. Il faut tant de circonstances, tant d'événements favorables, pour que l'homme de génie ait son jour et sa puissance !

Combien d'époques funestes dans la vie de l'humanité où un homme fort, qui eût surgi du sein de la foule, ou qui eût été porté par elle, aurait commandé aux choses et changé la destinée d'une nation ! Tantôt c'est l'homme de génie politique proprement dit, qui serait nécessaire pour faire disparaître le trouble d'idées qui règne dans l'État ; tantôt c'est un soldat glorieux dont l'épée briserait l'anarchie et qui rétablirait l'autorité ébranlée, compromise, conspuée ; mais, hélas ! le penseur politique et le soldat glorieux ne sont pas au rendez-vous in-

diqué par les événements, et les désordres
continuent, les troubles suivent leur cours
comme un fleuve encaissé dans son lit.

C'est une faveur spéciale de la Providence lorsqu'un homme se présente pour
mettre fin à l'état révolutionnaire, pour
dire à la révolution : Tu t'arrêteras là et
tu n'iras pas plus loin.

De ces hommes, combien en compte-
t-on dans l'histoire? surtout, combien
rencontre-t-on de grands hommes qui
ne viennent pas seulement pour faire une
œuvre individuelle, et disparaître en-
suite; qui viennent, au contraire, créer
l'ordre d'une façon perpétuelle, en l'éta-
blissant dans leur famille, et qui ne sont
pas seulement de grands hommes, mais
de grands princes?

IX

LE PRINCE.

IX

LE PRINCE.

Quand l'homme nécessaire est un prince, quand ce prince s'appelle Charlemagne, quand il s'appelle Henri IV, quand il s'appelle en Angleterre Guillaume de Hollande, comme il s'était appelé Auguste à Rome, la société n'est pas tirée d'un danger momentané, elle n'échappe pas seulement aux dangers de l'heure présente, elle est désormais en possession de la loi de son salut. Auguste établit l'empire, Charlemagne constitue le plus grand gouvernement de l'histoire de France, Henri IV crée la branche des Bourbons, Guillaume assure pour des siècles la prospérité de l'Angleterre. Heureusement pour la France, dans cette crise suprême qu'elle a traversée en 1851, l'Homme s'est trouvé un Prince!

X

PORTRAIT

DU PRINCE LOUIS-NAPOLÉON BONAPARTE.

X

PORTRAIT DU PRINCE LOUIS-NAPOLÉON BONAPARTE.

Lorsque l'artiste demanda à Napoléon comment il voulait être représenté dans le tableau du mont Saint-Bernard, on sait que le grand homme répondit : *Calme sur un cheval fougueux.* L'héritier de l'Empereur s'est montré, depuis la révolution de 1848, tel que son oncle voulait être représenté au passage du Saint-Bernard. Les partis frémissaient sous lui, les passions désordonnées se livraient à tous les écarts, l'abîme était à deux pas. Le prince Louis-Napoléon Bonaparte conservait son calme souverain.

L'intelligence profonde des événements et le calme imperturbable au milieu des plus terribles orages, tels sont les deux traits principaux du caractère du Prince.

Les ministres de Louis-Philippe et Louis-Philippe lui-même, qui jugeaient les choses à la surface et les hommes à première vue, s'étaient dit après Strasbourg et Boulogne : Le prince Louis est un chevalier français qui se jette dans les aventures sans considérer la fin. Pauvres myopes ! Quand le prince Louis fit les tentatives de Strasbourg et de Boulogne. il savait très-bien qu'il ne réussirait pas à renverser le gouvernement de Louis-Philippe ; il prévoyait seulement les tempêtes prochaines, les orages à courte échéance, la vacance du trône, et il posait la candidature de l'héritier de l'Empereur. C'est Louis-Philippe et ses ministres qui étaient les imprévoyants et les étourdis, et qui faisaient de la politique au jour le jour. Le prince Louis, en affrontant les échecs momentanés, préparait les assises de sa grandeur future. C'était Louis-Philippe qui faisait des échauffourées, le prince Louis faisait de la vraie politique d'homme d'État. On ne le connaissait pas, il se mettait en avant. On ne savait pas où était l'héritier de l'Empereur et il apparaissait à la frontière. La Cour des Pairs, parfaitement prévue dans sa pensée, était le seul piédestal du haut duquel il pût se montrer et parler à la France.

Depuis que les événements ont donné raison à l'héritier de l'Empereur, les esprits les moins clairvoyants ont vu les immenses trésors d'intelligence que contient la tête du Prince. On avait accordé de l'esprit à Louis-Philippe, parce qu'il parlait beaucoup et facilement; c'était de l'esprit sans doute, mais du très-petit esprit. Le prince Louis-Napoléon Bonaparte parle peu et pense énormément. Quand Louis-Philippe écrivait et parlait, c'était une série de lieux communs. Quand le prince Louis-Napoléon écrit ou parle, il n'émet que des pensées sérieuses et profondes. Chacune de ses phrases vaut un long discours; et s'il n'était pas un chef de dynastie, s'il n'était qu'un simple citoyen, la postérité l'eût rangé parmi les écrivains du dix-neuvième siècle qui ont le coup d'œil le plus juste, la phrase la plus nette et la plus large, avec le tour le plus original,

Il y a du Montesquieu dans cet héritier de César.

Et, si de l'intelligence nous passons au caractère, quelle admirable patience il a développée pendant trois ans ! Entouré de piéges, circonvenu par toutes les trahisons, ne s'appuyant que sur des hommes d'État préparant sa ruine, il n'a pas perdu un seul moment son sang-froid, il a attendu que la mesure fût comble et que le vase débordât pour se replacer à la tête de ces immenses populations qui avaient mis tout leur espoir en lui, et pour briser les partis qui s'étaient jetés en travers de la grande route nationale avec leurs passions misérables et leurs appétits cyniques.

La longanimité du Prince n'eut de limites que cette année 1852, qui allait être le signal de la ruine de la France; il avait tout supporté, tout enduré tant qu'il ne s'était agi que de lui-même et des prérogatives de son pouvoir. Dès que les destinées de la France entrèrent en jeu, dès que le salut de la société fut mis en question, le prince Louis-Napoléon Bonaparte n'hésita plus, il se dit qu'il n'avait plus le droit d'être patient, que c'était pour lui un devoir d'être énergique et d'enlever la voix aux partis pour donner la parole à la France.

Ce qu'a fait le prince Louis au 2 décembre 1851 pour sauver la société de la ruine qui la menaçait en 1852, est la raison suprême, la raison irrésistible qui rend l'empire indispensable dans un moment donné.

XI

L'EMPIRE.

XI

L'EMPIRE.

Qu'on se figure la France arrivant au mois de mai 1852 avec sa constitution respectée! l'anarchie la plus effroyable éclatait sur tous les points à la fois, et la civilisation disparaissait dans la tempête : les sept millions cinq cent mille voix qui ont dit *oui* au 20 décembre ont été de cet avis.

Or, sept millions cinq cent mille voix valent bien l'opinion de trois ou quatre généraux vaniteux et de quatre ou cinq hommes d'État démontés. La France a été sauvée au **2** décembre, et elle le sait !

Pourquoi est-elle rassurée aujourd'hui? parce qu'elle a dix ans devant elle; mais qu'est-ce que dix ans dans la vie d'un peuple? On avait aussi cinq mois au **2** décembre! Ce n'est pas cinq mois, ce n'est pas dix ans de repos qu'il faut à la France, ce sont les conditions naturelles du repos. Il ne faut pas qu'il y ait d'époque rapprochée ou éloignée pour les malheurs, dans un État, pas plus que dans une maison de banque il ne faut la banqueroute à l'horizon.

Le coup d'État du 2 décembre a été fatal. Le prince Louis-Napoléon n'avait pas le droit de ne pas le faire ; quand un prince peut sauver un pays, il ne peut pas, il ne doit pas le laisser périr.

L'empire pour les mêmes raisons est aussi fatal que le coup d'État du 2 décembre.

Un mot, un seul mot va le prouver.

Supposez, — ce que le Dieu protecteur de la France ne permettra pas, — supposez que le prince Louis-Napoléon Bonaparte fût enlevé à la patrie, entendez-vous retentir le cri d'effroi dans la France entière ! entendez-vous les sept millions cinq cent mille citoyens du scrutin sauveur, effrayés, éperdus et se sentant abandonnés de la Providence !

Ce jour-là serait donc le plus affreux qui pût arriver à ce pays; et si nous en connaissons la date précise, il faut l'éviter à tout prix, à moins d'être une nation insensée !

L'Empire, l'Empire héréditaire est un événement aussi indispensable que l'a été le 2 décembre.

Avec l'Empire, les partis, déjà si profondément atteints et qui n'existent guère plus que dans leurs chefs, disparaissent entièrement; et si les prétendants donnent encore des mots d'ordre, ils les donnent à une armée absente.

Avec l'Empire, la passion de l'égalité, cette cause éternelle des mécontentements populaires, est complétement satisfaite, puisque l'Empire est l'empire légitime et bien-aimé du suffrage universel.

Avec l'Empire, cette monarchie sortie des entrailles du peuple, nous terminons l'ère des révolutions, puisque l'Empire est la révolution faite ordre.

Avec l'Empire, le club central de l'Europe, selon l'expression de l'illustre diplomate M. le marquis de Valdegamas, le club central de l'Europe est fermé, et la France redevient la première monarchie du monde.

Paris. — Typ. de Mme Ve Dondey-Dupré, rue Saint-Louis, 46, au Marais.